AF388740

14 DEC. 1877

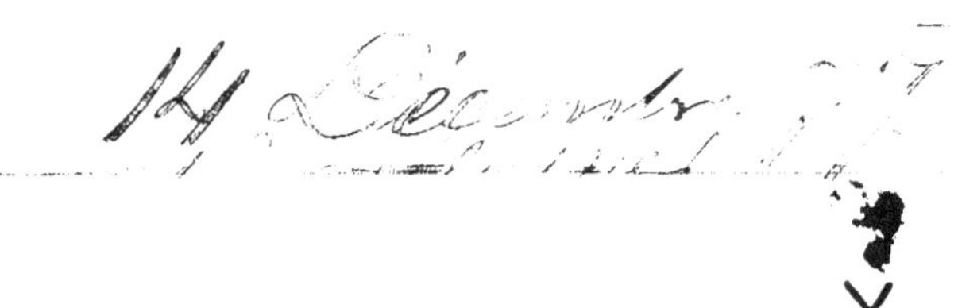

CATALOGUE

D'OBJETS D'ART

ET

DE CURIOSITÉ

ARRIVANT DE L'ÉTRANGER

BELLES DENTELLES ET GUIPURES ANCIENNES

BIJOUX

ARMES, BRONZES, BELLES ARMES ANCIENNES

TAPIS, ÉTOFFES

TABLEAUX

MEUBLES ANCIENS

FAIENCES, PORCELAINES, VITRAUX, BOIS SCULPTÉS

OBJETS DIVERS

Dont la vente aura lieu

HOTEL DROUOT, SALLE N° 9

Les Vendredi 14 et Samedi 15 Décembre 1877

M° CHARLES OUDART	M. GANDOUIN
COMMISSAIRE-PRISEUR	EXPERT DES DOMAINES NATIONAUX
31, rue Le Peletier	42, rue Le Peletier

Chez lesquels on trouve le présent Catalogue

EXPOSITIONS PUBLIQUES CHAQUE JOUR DE VENTE

LE 14 DÉCEMBRE, DE 1 HEURE A 3 HEURES

LE 15 DÉCEMBRE, DE MIDI 1/2 A 2 HEURES

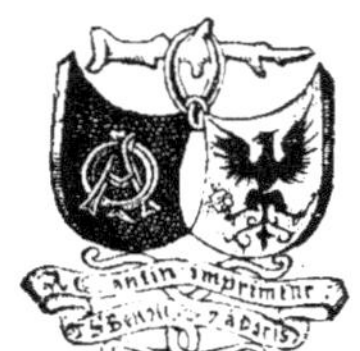

CONDITIONS DE LA VENTE

Elle sera faite au comptant.

Les adjudicataires payeront *cinq centimes par franc* en sus des enchères, applicables aux frais.

L'Exposition mettant les adjudicataires à même de se rendre compte de l'état et de la nature des objets, il ne sera admis aucune réclamation une fois l'adjudication prononcée.

ORDRE DES VACATIONS

Vendredi 14 Décembre, à 3 heures. — Dentelles, Tapis, Étoffes, Bijoux, commencement des Faïences.

Samedi 15 Décembre, à 2 heures. — Faïences, Porcelaines, Vitraux, Armes, Bronzes, Tableaux, Meubles, Bois sculptés.

DÉSIGNATION

DENTELLES

ANGLETERRE, RUSSE, MALINES, BRUGES ET VALENCIENNES

1. — Volant en guipure d'Angleterre à brides (3 mètres).

2. — Guipure d'Angleterre, réseau (2^m,50).

3. — Une bande de dentelle russe (3^m,50).

4. — Une Bande de dentelle russe très-ancienne (3 mètres).

5. — Un Fichu ; fil tiré, dessin remarquable par sa grande finesse.

6. — Un Col, dentelle de Malines avec application de broderies, garni de son corps de fichu.

7. — Col, dentelle de Malines, analogue au précédent.

8. — Un Volant ; application d'Angleterre de Bruxelles, mesurant 8 mètres.

9. — Un Volant ; application d'Angleterre de Bruxelles, mesurant 12 mètres sur 0^m,60 de hauteur.

10. — Un Volant ; application d'Angleterre de Bruxelles, mesurant 12^m,60 sur 0^m,60 de hauteur.

11. — Un Volant, dentelle de Chantilly mesurant 2^m,70 sur 0^m,30.

12. — Un Volant, dentelle de Chantilly, mesurant 2^m,90 sur 0^m,40 1/2.

13. — Un Volant, dentelle de Chantilly, mesurant 3^m,70 sur 0^m,35.

14. — Six mètres Dentelle en fil.

15. — Dentelles de Valenciennes, 5^m,30 en deux coupes.

16. — Dentelle de Valenciennes, 3^m,50 d'une très-belle qualité.

17. — Dentelle de Malines et Valenciennes 4^m,15 en deux coupes.

DENTELLES AU FILET

DES ÉPOQUES DU XV· AU XVIIe SIÈCLE

18. — Bande représentant des personnages, travail très-curieux de la Renaissance.

19. — Autre Bande, même dessin d'un travail aussi précieux.

20. — Couvre-Lit à dents travail très-intéressant.

21. — Couvre-Lit à dents analogue au précédent.

22. — Nappe d'un très-beau dessin.

23. — Volant mesurant 9 mètres, guipure d'un beau travail.

24. — Nappe analogue à la précédente.

25. — Bande de guipure mesurant 4 mètres sur 0^m,40, bouquets de fleurs.

26. — Autre Bande, mesurant 4^m,70.

27. — Bande mesurant 4 mètres.

28. — Un Napperon d'un travail précieux.

29. — Bande de guipure mesurant 2^m,90.

30. — Bande de guipure, ornée d'animaux chimériques.

31. — Quatre Bandes en filet et de dessins variés (7 mètres).

32. — Bandes en filet de couleur mesurant 8 mètres (2 coupes).

33. — Bandes (3 coupes), mesurant 5 mètres environ, dessins variés.

34. — Une Bande (2^m,25).

35. — Quatre Bandes de guipure, mesurant 16 mètres, différents dessins.

36. — Trois Bandes mesurant 16 mètres.

37. — Trois coupes dessins variés, mesurant 16 mètres.

38. — Dix mètres, filet très-épais à dents pointues.

39. — Quatre Napperons.

40. — Dix mètres Bandes de dessins variés.

41. — Trente mètres environ coupes diverses.

42. — Quinze mètres coupes diverses.

43. — Vingt-six mètres coupes diverses.

44. — Un Store blanc brodé.

45. — Deux Rideaux et une Portière (brodés.

FRANGES ANCIENNES

LOUIS XIV, LOUIS XV, LOUIS XVI

46. — Vingt-quatre mètres Franges en soie couleur ponceau.

47. — Dix-sept mètres Franges, soie ponceau.

48. — Quinze mètres Franges, soie ponceau.

49. — Vingt-quatre mètres Franges. soie ponceau.

50. — Vingt-trois mètres Franges, soie à deux tons.

51. — Dix-huit mètres Frange soie à deux tons.

52. — Vingt-et-un mètres Frange soie, vert.

53. — Vingt mètres Frange soie, vert et jaune.

54. — Trente-cinq mètres Frange soie, jaune et vert, jaune et brun.

55. — Vingt mètres Franges soie, différents tons.

56. — Quatre mètres Frange soie, ornée de glands en passementerie.

57. — Trois mètres Passementerie frangée, époque de la Renaissance,

58. — Deux mètres vingt Frange bleu ciel ornée d'olives.

59. — Trente mètres Franges en cinq coupes, différents tons.

60. — Douze Glands Passementerie frangés, jaunes.

61. — Huit Glands Passementerie plus ancienne que le numéro précédent.

62. — Lot de Franges diverses.

ÉTOFFES ET TAPISSERIES

63. — Morceau de Soie brodée d'or et décoré d'un chiffre.

64. — Bande de Soie brochée mesurant deux mètres cinquante.

65. — Neuf Tapis velours persan lamé d'or.

66. — Trois Tapis persans fond vert.

67. — Lot de Morceaux de Tapisserie de Flandre, comprenant Bandes, Morceaux et autres.

68. — Un Écran, Tapisserie moderne, Armoiries.

69. — Une Bande de Fauteuil, Tapisserie moderne.

70. — Deux Bandes, Tapisserie moderne pour Tabourets.

71. — Un Pouff, Tapisserie moderne.

BIJOUX ET BRILLANTS

72. — Un Collier Émeraudes et Boucles d'oreilles montées, travail du temps de Louis XV.

73. — Une Bague Louis XVI avec Portrait en miniature.

74. — Une paire Boutons d'oreille en *brillants* montés sur or.

75. — Une paire Boutons d'oreille en *brillants* montés sur or.

76. — Une paire Boutons d'oreille en *brillants* montés sur or.

77. — Une paire Boutons d'oreille en *brillants* montés sur or.

78. — Une paire Boutons d'oreille en *brillants* montés sur or.

79. — Une paire Boutons d'oreille en *brillants* montés sur or.

80. — Une paire Boutons d'oreille en *brillants* montés sur or.

81. — Une paire Boutons d'oreille en *brillants* montés sur or.

82. — Une paire Boutons d'oreille en *brillants* montés sur or.

83. — Une paire Boutons d'oreille en *brillants* montés sur or.

84. — Une Bague en or montée d'un brillant.

85. — Une Bague en or montée d'un brillant.

86. — Une Bague en or montée d'un brillant.

87. — Une Bague en or montée d'un très-gros brillant.

FAÏENCES ANCIENNES

88. — Une Soupière en ancienne faïence de Luxembourg.

89. — 27 Tableaux en ancienne faïence de Delft représentant des paysages ornés de figures et autres sujets.

90. — 19 Assiettes en faïence ancienne de Delft.

91. — 5 Plats en ancienne faïence de Delft.

92. — 70 Pièces; en ancienne faïence de Delft, comprenant potiches et bouteilles.

93. — Plaque en ancienne Faïence de Delft.

94. — Lampe en faïence ancienne de Delft, monture en bronze.

PORCELAINES ET VITRAUX

95. — 17 Statuettes en vieux Saxe comprenant enfants sur socles et personnages en costumes divers.

96. — Un Lot, porcelaine ancienne de Saxe, Assiettes et autres pièces.

97. — 3 Pots en porcelaine ancienne de Bruxelles.

98. — Deux Potiches porcelaine de Chine fond rouge.

99. — Vitrail du XVIIe siècle, représentant une armoirie entourée de rinceaux multicolores.

100. — Vitrail du XVIIe siècle, représentant une amoirie entourée de rinceaux multicolores. (Pendant du précédent.)

ARMES ANCIENNES ORIENTALES

101. — Sabre turc, la lame ornée de caractères en relief, la poignée en buffle, garnie, ainsi que le fourreau, de fer damasquiné argent.

102. — Sabre turc, lame en damas gris, damasquiné d'or.

103. — Sabre persan, lame en damas, poignée en fer ciselé
et doré.

104. — Paire de Pistolets circassiens, le canon damasquiné
d'or, ainsi que la sous-garde, et orné de figures.

105. — Trois Fers de lance persans en fer, damasquiné d'or
et gravé en relief, ornés d'animaux chimériques.

106. — Poignard persan, à lame en damas gris ciselé et
ornée d'animaux chimériques, la poignée et le
fourreau en fer ciselé et doré.

107. — Sabre turc, à lame recourbée, poignée en ivoire, le
fourreau garni de fer gravé.

108. — Sabre maure, la lame en damas gris, la poignée en
fer ciselé, orné de caractères orientaux et d'ornements en reliefs.

109. — Poignard en damas rubané, la poignée en hippopo-
tame, le fourreau garni d'argent ciselé et niellé.

110. — Poignard persan, lame en damas gris rubanée, damasquiné or, la poignée et le fourreau en fer
ciselé et doré.

111. — Sabre persan, à lame en damas gris, ornée d'une
rainure, figurée par une couleuvre gravée en
creux, la poignée en fer ciselé et doré.

112. — Poignard, à lame recourbée, gravée et ornée d'argent ciselé en relief, la poignée en argent ciselé
et niellé.

113. — Poignard d'exécution, en damas gris gravé ; la rainure du centre de la lame, très-profonde, est également gravée ; la garniture de la poignée et les manchons sont damasquinés d'or.

114. — Autre Poignard, analogue au précédent.

115. — Masse d'armes en fer, damasquinée d'argent, la masse formée d'une tête de bœuf ; la hampe est également damasquinée.

116. — Hache à un tranchant, en fer, damasquiné d'or, gravé et orné de figures, travail persan, la hampe émaillée.

117. — Cimeterre, lame damas gris, rubanée et damasquinée d'or, ornée de caractères persans ; la poignée, en granit vert de Sibérie, garnie d'argent ciselé ; le fourreau orné d'ornements en argent gravé.

118. — Hache d'armes à double tranchant, damasquinée d'or et gravée sur ses ornements.

119. — Une Cotte de mailles circassienne, travail ancien.

120. — Un Fusil persan, canon damasquiné d'argent, la crosse incrustée de nacre et de filigrane, travail ancien.

121. — Un Casque avec son cimier en fer de damas, damasquiné d'or, gravé et garni du garde-cou en mailles, travail ancien du XVIᵉ siècle.

122. — Deux Brassards en damas gris, damasquinés or, garnis de leurs mailles, garde-coude et poignets.

123. — Sabre turc, lame recourbée en damas gris damasquiné d'or, la poignée garnie en corne.

124. — Fer de lance en damas gris damasquiné argent.

125. — Un pareil au précédent.

126. — Quatre Épées des époques Louis XVI et Louis XV.

127. — Arbalète à rouet du xve siècle.

BRONZES

128. — Statuette en bronze représentant la tragédie.

129. — Lustre hollandais à 12 lumières en bronze style Louis XIV.

130. — Un Plat ancien en cuivre repoussé à personnages.

131. — Un Mortier en bronze du xviie siècle avec inscription datée de 1640.

GOUACHES

132. — Portrait de Melanchton.
Gouache du xvie siècle peinte sur velin

133. — Portrait de Luther.
Gouache du xvie siècle sur velin.

TABLEAUX

134. — ANDRÉ (Jules) .... Paysage.

135. — BREUGHEL (Ambroise). Canal glacé orné de
nombreuses figures
(peint sur bois).

136. — BREUGHEL (Pierre)... Intérieur flamand (peint
sur bois).

137. — DE JONGHE et Eug. VERBOCKHOVEN. Paysage.

Les animanx et figures sont de la main de Verbockhoven.

138. — DESHAYES (Eug.)..... Paysage.

139. — DREUX-DORCY....... Tête de jeune fille.

140. — FAVRAY .... Type maltais.

141. — FAVRAY .... Femme de Malte.

142. — FEUILLET........... Paysages encadrés (pein-
ture sur porcelaine).

143. — FONTANA.... .. .... Intérieur de forêt.

144. — FRANÇOIS... .... Deux Tableaux, jeux
d'enfants en grisaille.

Remarquables cadres en bois sculpté Louis XVI.

145. — GOYEN (*attribué à* Van). Paysage traversé par un
cours d'eau.

146. — GREUZE (*genre de*).... Tête de jeune Fille.

147. — HALS (*attribué à* Frans). Tête d'Homme.

148. — HAGELSTEIN ... . La Promenade du soir.

149. — HIER (Van) .... Effet de Nuit, Vue de
Hollande.

150. — HOBBEMA (*École de*)... Le Moulin, Paysage.

151. — HOOG (Pieter de) ..... Intérieur Hollandais.
Provenant du cabinet de feu M. Michau.

152. — HORREMANS......... Intérieur Hollandais.

153. — JACQUE (Charles) .... Étude de Poissons.

154. — JACQUE (Charles) .... Paysage et Moutons.

155. — KALF (Guillaume) ..... Objets de Cuisine dans un
cellier.

156. — LANCRET (*d'après*)..... La Conversation.

157. — MIEREVELDT......... Portrait de Femme.
Remarquable Costume de l'époque Louis XIII.

158. — NATTIER (*le père*)..... Portrait de Femme.

159. — NEER (*genre de* Van der) Soleil couchant sur la
Meuse.

160. — NEER (*genre de* Van der) Lever de Lune.

161. — REMBRANDT (*école de*). Tête de Vieille.

162. — ROELOFS............ Paysage.

163. — SAUVAGE........... Un Tableau représentant
un bas-relief en bronze
Jeu d'Enfants.

164. — SCHENDEL (Van)...... Scène d'intérieur.

165. — SCHENDEL (Van) ..... Intérieur Hollandais.

166. — SPRONCK (Gérard).... Bouquet de fleurs peint
sous verre.

167. — TENIERS (*d'après*) . . . . . Intérieur Flamand.

168. — TENIERS (Dav. *dit le père*) Le Retour de la pêche.

169. — VERSCHUUR . . . . Marché aux chevaux.

170. — WATTEAU (Louis) . . . . . Le Joueur de vielle.

171. — WILLAERTS . . . . Paysage maritime.

172. — WINCKENBOOMS. . . . . . Paysage.

173. — ÉCOLE FRANÇAISE . . . Tableau, chiens.

174. — Deux Tableaux, dessus de porte représentant des jeux d'enfants.

175. — Panneau décoratif, en grisaille, représentant des jeux d'enfants.

MEUBLES ET OBJETS MOBILIERS

176. — Un Meuble bonheur du jour, Louis XVI, en acajou.

177. — Panneau en bois sculpté, travail gothique.

178. — Six Chaises Louis XIII, à pieds tournés, garnis en cuir fauve.

179. — Six Chaises Louis XIII, à pieds tournés, *dossiers* et siéges garnis en cuir de Cordoue.

180. — Six Chaises Louis XIII, garnies en cuir, à pieds tors.

181. — Meuble d'entre-deux Louis XIII, mesurant 190 sur 110 de largeur.

182. — Cage de pendule en bois sculpté avec son socle-console, travail français du xviie siècle.

183. — Banquette en bois sculpté, travail du temps de Louis XIII.

184. — Console Louis XIV, en bois sculpté et doré; travail remarquable de cette époque.

185. — Six Chaises hollandaises, en bois marqueté et du temps de Louis XIV.

186. — Un Fauteuil, même travail et même époque.

187. — Petite Table en acajou Louis XVI, bureau de dame; forme très-originale.

188. — Onze Chaises en bois sculpté; travail de l'époque Louis XV.

189. — Sept Chaises en bois sculpté du temps de Louis XV.

190. — Un Prie-Dieu en bois sculpté, travail Louis XV.

191. — Paire Appliques en bois sculpté et doré, travail Louis XVI.

192. — Quatre Glaces de Venise gravées, Louis XIV.

193. — Une Porte d'appartement en bois sculpté.

194. — Un Lot considérable cuir de Cordoue.
Sera divisé.

195. — Écran tournant, monture en bois sculpté, époque Louis XIV.

196. — Cinq Fauteuils en tapisserie Louis XVI.

197. — Table à ouvrage, Louis XVI.

198. — Table de nuit Louis XVI à coulisse, et ornée de bronzes.

199. — Commode Louis XVI ornée de bronzes.

200. — Secrétaire, bois de rose, Louis XVI.

201. — Console Louis XV en bois sculpté et son marbre.

202. — Bureau Louis XV en marqueterie de bois orné de bronzes.

203. — Bureau en acajou et à cylindre.

BOIS SCULPTÉS, OBJETS DIVERS

204. — Cage de pendule en bois sculpté.

205. — Sous ce numéro, différents morceaux de bois sculpté des époques Louis XIII, Louis XIV, Louis XV et autres.

   Sera divisé.

206. — Un Cachet en pierre de lare sculpté.

207. — 4 Cruches en grès ancien de Flandre garnis en étain.

208. — 12 Cuillers en argent représentant les *douze Apôtres ;* travail de la renaissance flamande en forme dite Spatule.

209. — Petit Cadre en bois sculpté et ornemané de fers ouvrés.

210. — Bas-relief en albâtre sculpté de la renaissance; cadre en bois sculpté.

211. — Une fenêtre à meneaux et ferrures, garnie de sa vitrerie du temps, époque de Henri IV.

212. — Grande Pendule en biscuit de l'époque Louis XVI.

213. — Une Boîte en marqueterie de cuivre genre Boule.

214. — Une ménagère en argent repoussé.

215. — 4 pièces cuivres ciselés et dorés du temps de Napoléon Ier.

216. — Boîte de triptyque avec ses volets.

217. — Masque en cuivre repoussé, travail du temps de Louis XIV.

PARIS. — Impr. J. CLAYE. — A. QUANTIN et Cie, rue Saint-Benoît. — [2284]